春蚕秋语

张恩国 

图书在版编目（CIP）数据

春蚕秋语 / 张恩国著. — 大连：大连出版社，2016.12
ISBN 978-7-5505-1116-3

Ⅰ. ①春… Ⅱ. ①张… Ⅲ. ①诗集－中国－当代
Ⅳ. ①I227

中国版本图书馆CIP数据核字(2016)第252443号

出 版 人：刘明辉
策划编辑：张 波
责任编辑：李 萤
封面设计：林 洋
版式设计：张 波
责任校对：杨 钟
责任印制：刘正兴

出版发行者：大连出版社
地址：大连市高新园区亿阳路6号三丰大厦A座18层
邮编：116023
电话：0411-83620442 / 83621075
传真：0411-83610391
网址：http://www.dlmpm.com
邮箱：dlszhangbo@163.com
印 刷 者：大连金华光彩色印刷有限公司
经 销 者：各地新华书店

幅面尺寸：165 mm × 230 mm
插 页：8
印 张：9.75
字 数：100千字
出版时间：2016年12月第1版
印刷时间：2016年12月第1次印刷
书 号：ISBN 978-7-5505-1116-3
定 价：38.00元

《难忘的乡情》。1963 年 11 月 30 日，参加营口市社会主义建设先进单位、先进个人代表会期间与万福林场孙家窝棚工区主任徐银龙合影，左为笔者

1964 年 4 月 1 日，是母校的生日。从林场回营口市高中参加校庆，与老师和同学合影。前排左四为刘志涛老师，后排左一为团支部书记魏锦魁同学，前排左三为笔者

“今日并肩携手，海疆共筑长城。”1965 年 3 月，在旅顺与 1960 年上初中时入伍的董世跃同学相逢合影。前左为董世跃同学，前右为董世跃的同舰战友，后为笔者

“世界上什么最幸福？见到伟大领袖毛泽东。”1968年10月1日国庆受阅后与战友张明波在天安门广场留影。右为笔者

1974年3月，海军旅顺潜艇基地首长和机关同志合影。二排左二为基地长吴振忠，后排右二为基地政委张善长，后排右一为笔者（时任政治处干事）

1980 年 11 月，潜艇支队军械科鱼雷检修所全体官兵合影。二排左五为军械科科长宋衍军，左六为笔者（时任军械科副协理员）

1982 年 7 月 1 日，潜艇十二支队建设社会主义精神文明先进单位、先进个人代表会议留影。二排左九为支队政委周绍勋，左十为支队长孙荣达，五排左一为笔者（时任辅助船中队政委）

《怀念》。1983 年 11 月 13 日，海军潜艇第十二支队第六次党代会留影。二排左十为支队长赵国臣，二排右九为支队政委姜文远，后排右三为笔者

“我爱潜艇，我爱海洋。”231 潜艇在训练中浮起的情景，拍摄于 1985 年 4 月。笔者 1984 年至 1986 年任 231 潜艇政委

“喜临沧海能为水，梦里巫山现彩云。”1985 年 5 月 10 日在鱼雷攻击教练室，笔者向艇长郭秀武请教鱼雷攻击课目训练中的问题。中为艇长郭秀武，左为副艇长于凤，后为鱼雷兵王立军，右为笔者

“忽报上级传命令，调离潜艇去迎新。”1986 年，笔者由 231 潜艇调到潜艇支队岸勤部。图为 1987 年 8 月岸勤部第八次党代会合影。前排左六为支队长王世贵，左七为支队政委傅殿兴，左五为笔者（时任岸勤部部长）

1988年9月，潜艇十二支队团以上干部恢复军衔制受衔后的合影。前排右一为笔者，被授予海军上校军衔

1989年2月15日，潜艇十二支队岸勤部召开军事训练工作会议，笔者（中）在做年度训练工作部署。左一为岸勤部政委孙贵富

“若问篇中人在哪？雷锋正在演说台。”1989 年 10 月，笔者从部队转业到大连市交电公司任家电商场党支部书记。图为 1990 年 3 月 5 日笔者在交电公司团员青年学雷锋故事会上即兴赋诗《小花》

1990 年五四青年节，笔者带领大连交电公司家电商场职工到白云雁水春游。后排右一为笔者

1991 年 2 月，大连市交电公司党委换届，笔者被选为公司党委班子成员，任党委副书记兼纪委书记。左三为公司总经理邱殿英，左四为公司党委书记王忠法，右一为笔者

1996 年，大连市交电公司加入大商集团，笔者任大商集团宣传部部长。1997 年，《大商集团报》创刊。图为笔者（右二）于 1997 年 8 月在集团报道工作会上发言

“树爱春光，人重晚晴。”1997 年 5 月，大商集团组织离退休老干部到旅顺龙王塘春游。后排右四为大商集团党委书记孙玉瑾，左三为大商集团政治部主任薛丽华，右三为大商集团工会主席李锋，右二为笔者

“碧海青峰呈笔砚，光明正大写人生。”2005 年 12 月 5 日，大商集团开发区新玛特领导班子合影。左三为总经理丛贵昌，左二为党委书记李锋，左四为副经理王春娥，左一为笔者

“德隆恩远后人兴。”1956 年，笔者的祖父与重孙的合影

“齐家治企怀天下，父母教儿事竟成。”1995 年春节，在营口老家与父母团聚时的留影。左二、左三为父母二老，左一为姐姐景芬，左五为侄儿利然，左四为笔者

“发愤图强谋自立，修身创业见真诚。”2011 年春节，兄弟姐妹八人团聚时合影。右四为笔者

“妻贤儿女孝，国泰庶民安。”2011 年 6 月 4 日，笔者（左四）与全家人合影

“银发童心寻故地，侠肝义胆步蹒跚。”2016 年 3 月，海军 231 潜艇组建 50 年纪念活动筹委会成员合影。前排右二为 231 潜艇第一任艇长郑建秋，时年 83 岁，前排左一为第四任艇长郭秀武，前排左二为笔者

“难忘同舟济沧海，二三一艇五十年。”2016 年 4 月 24 日战友重逢合影。左三为笔者的前任政委欧阳广岗、左一为笔者的后任政委张佩义、左二为艇长郭秀武，右三为副艇长马代楚、右二为副政委吴菊如、右一为副艇长于凤，中间为笔者

《青春无悔、战友情深》。2016 年 4 月 23 日，中国人民解放军海军成立 67 周年暨 231 潜艇组建 50 年纪念会在大连隆重举行，与会战友合影留念。前排左十为笔者

旅顺口、老虎尾，令人神往、令人难忘。多少中华儿女青春在这里绽放，世代富国强兵的梦想在这里起航。1964—1989 年，笔者曾经热恋和战斗过的地方

序　言

◎ 钟祥斌

中国是一个崇尚诗歌的国度，从《诗经》到《唐诗三百首》，从对对子到吟诗作赋，从屈原到闻一多，从汪国真到席慕蓉，古往今来，华夏儿女生活在诗的王国里，几乎个个都是诗人。正如荷尔德林所说："人，诗意地栖居。"诗是一种艺术，更是一种审美教育，当代诗歌是将儒、释、道传统经典进行现代转化，弘扬社会主义核心价值观的重要载体。林语堂说："中国的诗在中国代替了宗教的任务。"它起着影响、塑造人们精神生活的作用，它是反抗当下功利主义思想盛行、人文教育缺失之境地的一种有效途径。写诗、吟诗、诵诗，是对美的欣赏，也是对人性的张扬。人生不能总是过得干巴巴的，需要音乐，也需要诗，不管是低吟还是豪唱，是言志还是抒情，它们都是美好生活不可或缺的东西。诗化，就是把人的内心变成诗的存在，把世界变得像诗一样美好。因此，诗化就是人生的审美化、艺术化。最高程度的诗化，包含着对美的欣赏与对人生哲理的思考，包含着大美与崇高、庄严与神圣的境界。因此，诗化教育就是以诗的美好境界与人生哲理塑造人的心灵与精神世界，涵养扩充人的先天道德本性，启迪心智、激活悟性、激扬人生。

诗化教育，首先是教育自我、改变自我，其次才是教化他人。马克思说：“哲学家们只是用不同的方式解释世界，而问题在于改变世界。”我们要造就一个美好的外在世界，首先要造就一个美好的内在世界，这个内在世界就是自我。改造自我就需要一种自省的力量，强调自省亦是中华传统文化的精华所在。孟子主张“达则兼善天下”，那么不达呢？他要“独善其身”。孔子说：“道之以政，齐之以刑，民免而无耻；道之以德，齐之以礼，有耻且格。”他强调了人的羞耻心。孔子的弟子曾参更把自省发展到极致，他要“吾日三省吾身”。他们这种自省的目的和最后的归宿是“天下兴亡，匹夫有责”。孟子曾说：“人有恒言，皆曰‘天下国家’。天下之本在国，国之本在家，家之本在身。”我们要以中华传统文化来滋润我们的身心。

历史地看，中国诗的历史实质上是一部表现中国人精神演变状态的历史。如果从一个广阔的文化背景来透视，不难发现，不朽诗作的产生很大程度上取决于个人精神与文化传统的密切联系，取决于个人经历与时代背景的紧密结合。张恩国先生是中华传统文化的热爱者，他将传统文化与几十年人生经历——从学生时代到下乡、从军，再至转业到地方——融为一体，化成一首首诗，形成他的诗集——《春蚕秋语》，诗中时刻渗透着他对国家、民族的忠贞，对军队、战友的赤诚，对同志、亲朋的义气以及对大自然的热爱。他通过诗，与读者达成了心灵的交汇与感情的共鸣，给人以启迪与警示。我们看，他在描写学生时代的一首诗《雨夜》中写道：“阳光 / 为什么总在风雨之后 / 黎明 / 为什么必须经历黑夜和寒冷 / 年轻人啊 / 你将如何迎接 / 太阳的温暖和光明？”这首诗告诉我们，人生需要经历困苦，只有经历过，才知道生活的本质是什么。另一首诗《奔跑者》：“黑暗与坎坷，将他 / 无情地摔倒在前进的路上……/ 站起来，抹去 / 脸上的泥巴。抬起头，努力 / 辨别前进的方向 / 看远方，似乎 / 有些许微光 / 前进，为了 / 心中的梦想和希望。”体现出一种为了梦想屡败屡战、愈挫愈奋的坚守与执着。

路是走出来的，不是想出来的。诗亦如此，它不是凭空出现的，而是在人生经历的基础上，伴随着作者独特的仰观俯察，构成其独特的思想创作而成。真正的诗是一种心情，一种状态，一种人格，一种在世间的尊严和自由。古人云："诗者，天地之心。"他的诗，是生活的直接观照，是他将把握生命、体验生命的精神境界，具体地贯注到社会实际生活后的再度呈现。他戎马半生，身上流淌着军人的沸腾热血，心中燃烧着军人的铁血激情，转业后，入机关，到企业，依然不改其志，不流于俗，时至今日，依然保持着军人铁血，激情不退，信念、理想、原则是他的坚守。

金戈铁马、寒夜刁斗，陶冶出他军人的刚烈与精魄，然而他又不乏文人的柔情。他的诗是现实的写照，记录了他人生不同阶段的时代印迹。他下过乡，从过军，经过商，尤其是他 25 年的军旅生涯，在他的人生中留下了不可磨灭的印迹，在描写他从军生活的诗中充满着对军队、对家国深沉的热爱。读他的《夜训速描》一诗："我艇伏击运输线 / 昼夜奋战 / 电池比重 1.215/ 时间 18 点 / 声呐报告 / 方位 065 度，发现回声信号 / 似蓝军、似渔船 / 一时难辨 // 时间紧！电量低 / 加速充电 / 深度 8 米！雷达准备 / 艇长口令传 // 机声隆，雷达转 / 声呐不怠慢 / 突然间方位 020 度，回声信号增强 / 时间 21 点 // 发现蓝军！战斗警报！紧急速潜 / 左满舵！速度 6 节！深度 35 米！航向 210 度 / 我艇水下与蓝军周旋 / 声呐报告：方位 350 度！'敌舰'远离 / 战斗警报！通过危险深度！浮起充电 // 各战位动作娴熟，技术精湛，艇长指挥果断 / 时间 23 点 / 潜艇稳稳浮出水面 / 大海异常宁静 / 夜空星光灿烂。"把我们带到了现场，仿佛身临其境，感受到他军人的热血在沸腾。

军人自古重感情，军旅诗更是其情感的抒发载体。因为有着深厚的生活底蕴，作者总能在如水的生活中沉淀出点点滴滴的真情与感动，咀嚼出人生的无限况味，发掘出时代的丰韵异彩。他在《送战友》中说：

“山静静 / 水渺渺 / 送战友 / 踏天桥 / 远航巨轮要起锚 / 心情逐浪高 // 走天涯 / 去海角 / 前程远 / 路途遥 / ‘下定决心’歌一曲 / 壮志冲九霄 // 老虎尾 / 小平岛 / 革命战友别离了 / 相处十载不嫌多 / 留语千言只恨少 / 荣归故里见父老 / 替我问声好。”

诗是人的精神、感受和情绪的再现，所以我们欣赏诗，不应停留在云山烟树的表象上，也不应停留在形式上，而是要通过它们直探人的精神本质。诗的本质是真，是真人、真性、真情、真义的表达，作者以诗为载体，让我们看到了一个战士对生活的热爱、对事业的执着、对智慧的追求、对传统的捍卫、对文化的传承。《沁园春·旅顺口》中写道：“北海京门，大坞泊船，虎尾驻舟 / 看银鹰展翅，蓝鲸戏水，铁山高耸，碧海横流 / 岸导实发 ，舰机操演，苦练精兵卫九州 / 观天下，有苏修美帝，未雨绸缪 / 何谓历史钩沉？念先辈难书血泪仇 / 恨沙俄日寇，攫夺要塞，清廷将相，半岛难收 / 甲午交锋，倭贼施虐，忠烈铮铮白骨留 / 思国耻，要图强雪恨，告慰千秋。”蕴含着对中华民族海军事业深沉的思索。而《军嫂探亲》中写道：“妻子念君灯未熄 / 征夫枕戈待行舟 / 相隔咫尺难相聚 / 明月弯弯照九州。”则更体现了军人一心为国的情怀。与彻夜思念的妻儿虽相隔咫尺，却如在天涯，只因为他们心中只有国家，才对这一切无怨无悔。

从其所居的小空间，连通到其所思所想的大空间，从日常行为和感受连通到无限广阔的思维空间，从息心宁性到波澜起伏，从简单的符号中传达出丰富的精神和文化内涵，这一切均来自作者能以自身的体验，以朴实自然、直击灵魂的表现方式来表达其真实感情。他的《春蚕秋语》是他透明的灵魂的直接反映，是一种真诚、博大的人文精神的再现，他在质朴与本真中用心实践着他的诗歌的教化意义。

（作者系中国企业文化研究会研究员、中国管理科学研究院研究员、大连社会科学院研究员、大连市企业文化研究会会长、北德书院院长）

前　言

这是我微薄的积蓄，
这是我思想的凝练。
这是我毕生的财富，
这是我信仰和实践。

想把它献给学生时代的同学，
想把它献给曾经下过乡的伙伴，
想把它献给为祖国奉献青春的战友，
想把它献给爱国、爱民、爱家乡的热血青年。

感谢养育我的山河大地，
感谢宽容我的大海蓝天，
感谢教育我的父母师长，
感谢引导我的理想信念。

张恩国

2016 年 3 月 28 日

目录

中学时代

下乡岁月

军旅生涯

转业以后

退休生活

中学时代

自 1958 年至 1963 年，因家贫父病，在初二和高二期间我曾两度辍学。我的中学时代是在求生与求学的艰难选择中度过的。

寒 假

泥舍青灯卧榻凉，
无声皓月照寒窗。
夜读吴越春秋史，
白日拾柴换米粮*。

（作于 1962 年 2 月 14 日）

注释：
* 中学时代，因遭遇三年困难时期，家中人口多，口粮标准低，生活困难。寒假期间我白天拾柴到城里卖钱，用卖柴的钱购买不要粮票的煎饼、豆渣等补贴口粮的不足，晚上在灯下看书学习。

读书心得

勤劳简朴人生本，
努力学习智慧深。
勾践不经尝胆苦，
何来越甲把吴吞？

（作于1963年2月18日）

清平乐·校办农场

营口市高中在三年困难期间，在辽河北岸开荒种地办农场，师生轮流到农场参加劳动，经受思想和劳动锻炼的同时，收获粮食补贴师生口粮不足。

辽河北岸，
垦稻田一片，
劳动师生轮流换，
旨在学习实践。
插秧、除草、收藏，
春寒、夏热、秋凉，
经历千辛万苦，

更惜粒米之粮。

（作于1963年7月4日）

雨　夜

雷声，
驾驭着乌云 轰鸣
把我从梦中惊醒。
闪电，
像无情的利剑 刺向
我迷蒙的眼睛。
狂风，
像凶狠的暴徒 击打
我无辜的窗棂。
暴雨，
紧随着狂风 趁势
不断地向漏室喷涌。
阳光，
为什么总在风雨之后？

黎明，
为什么必须经历黑夜和寒冷？
年轻人啊，
你将如何迎接，
太阳的温暖和光明？

（作于1963年7月18日）

奔跑者*

夜幕下，
连绵的细雨，依然
唰唰地作响。
池塘边，
稀疏的蛙鸣，传来
几许孤独的忧伤。

荒野中，
泥泞的小路，有人
在不停地奔跑，不知道

寻求何物，
奔向何方。

奔跑者，
雨水和汗水，沿着
发际向脸庞流淌。
黑暗与坎坷，将他
无情地摔倒在前行的路上……

站起来，抹去
脸上的泥巴。
抬起头，努力
辨别前进的方向。
看远方，似乎
有些许微光。
前进，为了
心中的梦想和希望。

（作于1963年7月20日）

注释：
* 我的父亲是营口市辽河岸边的渔民。我读高二时，父亲因病不能出海捕鱼，家庭生活陷入困境。我是家中长子，是继续求学还是退学就业？一时处于迷茫之中。

下乡岁月

自1963年8月至1964年12月，这段时间虽然短暂，经过艰苦的劳动锻炼和以老场长为榜样的学习实践以及林场工人的熏陶，坚定了我为建设祖国大好山河贡献青春的思想基础。

路

古往今来，
世界上有无数条供选择的路。

有自强不息求生的路，
有依附他人寄生的路。
有学习工作向上的路，
有虚度年华堕落的路。
有为国为民献身的路，
有屈膝卖身求荣的路。

我选择的路，
是革命前辈长征的路，

是三大革命胜利的路，
是反帝反修革命的路，
是工农结合成长的路，
是伟大领袖指引的路，
是当代青年必经的路。

是这样的路，
引我投向社会的熔炉*。

（作于1963年9月1日）

注释：
* 1963年8月，我因父病家贫退学，于营口市高中二年级肄业。当年由营口市安置办安排下乡到盖县万福国营林场当一名林业工人。

朦　胧

晚秋的天气哟，
为何总是变化无穷？
年轻人的心哟，
怎么也觉得有些沉重？

秋风哟，
请你慢着点儿吹，
问一问，
年轻人昨晚
究竟做了什么梦？

秋雨哟，
请你停一停，
猜一猜，
年轻人的心思
为何有些朦胧？

秋风哟，
有时也会住。
秋雨哟，
有时也会停。
奔流的溪水哟，
清清泠泠。

城里来的年轻人哟，
是否已下定决心

扎根山林?
割舍那
远方的恋情*。

(作于1963年9月20日)

注释:
*第一次远离家门和校门,来到一个完全陌生的山区,夜里常梦到父母兄弟和朝夕相处的同学,醒来心中别有一番对亲人和往日的思念之情。

秋

碧水漂红叶,
青山绿又黄。
长空观雁阵,
四野看牛羊。

(作于1963年9月30日)

向　前

满目荒凉，
我们用双手去改变。
行路艰难，
我们用双脚去踏宽。

迷雾重重，
遮不住我们锐利的双眼。
千难万险，
吓不倒有志青年。

毛主席指引前进方向，
我们义无反顾，
奋勇向前，
用智慧和汗水，
创造美好的明天。

（作于 1963 年 10 月 15 日）

读同学来信

一封封同学来信，
寄托着浓浓的情意。
一句句铿锵的话语，
让我增添信心和勇气。

一封封同学来信，
隽秀又熟悉的笔迹。
一张张青春的笑脸，
勾起我多少校园的回忆。

多少次河边漫步，
我们把理想谈起。
团旗下我们举手宣誓，
奋斗为共产主义。

一封封同学来信，
满载着力量和友谊。
信纸在手中颤抖，
泪水已滑过脸际。

（作于1963年10月20日）

考　验

艰苦，
劳累，
不仅能锻炼我单薄的身体，
而且能磨炼我脆弱的精神。

艰苦，
劳累，
只能激发我坚守阵地的意志，
绝不能动摇我奋斗到底的决心。

想一想雪山、草地、长征路。
比一比红军、八路、志愿军。
今天的
艰苦、劳累，
能算几分！

（作于1963年10月23日）

友　谊

——赠魏锦魁同学

魏锦魁同学是我高中时班里的团支部书记、我的入团介绍人，是我学生时代的良师益友。

我们的友谊，
是兄弟的友谊，
同志的友谊。
它以共同进步为纽带，
以建设强大祖国为目的。

我们的友谊，
是革命的友谊，
战斗的友谊。
它以党的利益高于一切，
共同的理想把我们连在一起。

我们珍爱友谊，
我们讴歌友谊。
友谊是鲜花、是彩虹。
友谊是力量、是勇气。

友谊已融入我们青春的血液里。

（作于1963年11月24日）

初　萌

一次偶然相遇，
一封远方来信，
袭来难舍的深情，
还有那期盼的眼神。

往事历历，
思潮阵阵。
不知天降何物，
是雨是云？

接受，
怕误了青春。
拒绝，
怕伤了纯真。
谁能帮我指点迷津？

天地悠悠，
岁月无痕。
请时间出来帮我，
轻轻地抚平，
彼此萌动的心。

（作于1963年11月28日）

青 年

青年，
新中国的青年，
生长在毛泽东时代，
像花儿一样绚丽，
像青松一样茁壮。
毛泽东思想为我们洒下雨露阳光。

青年，
新中国的青年，
生长在毛泽东时代，
无比自豪，

无限荣光。
毛主席为我们指引前进的方向。

青年，
新中国的青年，
生长在毛泽东时代，
心红似火，
志坚如钢。
哪里有我们，
哪里就有快乐、健康和希望。

（作于1963年12月10日）

给小芳的回信

小芳是我初中时的同学，一次偶然相遇彼此建立了书信联系。

收到你的来信，
令我欣喜万分。
相别多年之后，
你仍保持当年的质朴纯真。

你的亲切勉励，
让我记忆犹新。
你的音容笑貌，
已在我心目中储存。

但愿你，
抓住在校学习的难得机遇，
珍惜人生宝贵的青春。
学业有成，
不断前进。
学好本领，
奉献人民。

关于我的未来，
请你相信，
高山不会把我阻拦，
大海不会使我沉沦。

我愿在，
战胜艰难困苦中成长，
永葆一颗，

忠诚于党和人民的赤子之心。

（作于 1963 年 12 月 19 日）

成林抚育

天寒地冻雪封山，
石径冰滑步步难。
抚育松林千百亩，
谁知三九汗湿衫。

（作于 1963 年 12 月 22 日）

天净沙·冬

苍山雪岭青松，
悬崖石径流冰，
小庙深潭古洞。
雾薄霜重，
育林人在云中。

（作于 1963 年 12 月 24 日）

春

山村三月雨如烟，
遍野春花展笑颜。
溪水潺潺流不尽，
苍松翠柏入云间。

（作于1964年3月30日）

荒漠造林

在那白浪滔滔的渤海之滨，
在那刻满沧桑的烽火台旁，
有一群新中国的林人，
在渺无人迹的荒漠中纵情歌唱。

他们歌唱大海的胸怀，
歌唱未来的向往，
歌唱改造荒漠的决心，
歌唱建设祖国的荣光。

他们要让荒漠变绿洲，
要让海防前哨树成行，
要让飞沙化春雨，
要让大地换新装。

（作于1964年4月12日盖县熊岳城西海防林场）

春之恋

蒙蒙的细雨，
如烟、如丝、如纱，
轻轻地，
轻轻地，
向着初春的山林飘洒。

那嫩绿柔媚的柳条儿，
是春姑娘飘逸的长发，
长发上挂着一串串
珍珠般的水花。

石湖里的盈盈清水，

那是春姑娘明亮的大眼，
在闪烁着青春的芳华。
微风吹拂着湖边的小草，
那是春姑娘扇动着美丽的睫毛，
她正在轻声地对岸边的青松说话。

她仰慕青松的刚毅挺拔，
她欢迎青松在大山里安家，
她敬佩青松不畏风霜雨雪。
在她的心中，
早已把青松接纳。

听到春姑娘深情的话语，
青松羞涩得难以作答。
细雨轻抚着青松的臂膀，
一颗颗带着松香的泪珠儿，
落到了春姑娘的脸颊……

（作于1964年4月19日）

雨后山景

雨后青山分外秀美，
一层层松柏清新苍翠，
一片片桃李争奇斗艳，
一簇簇红杜鹃绚丽妩媚。

牛儿在悠闲地吃草，
羊羔儿乖乖地在母亲身旁依偎，
小鸟儿在枝头上梳理着美丽的羽毛，
雄鹰在蓝天下展翅徘徊。

多迷人的景色啊！
望一眼令人心醉。
多可爱的家园啊！
大自然的和谐壮美让人难以描绘。

（作于 1964 年 4 月 23 日）

学　习

一天不学习，
浑身没力气。
两天不学习，
前进没动力。

长期不学习，
头脑必空虚。
是非曲直分不清，
随波逐流无目的。

青年成长靠学习，
理论实践相联系。
知识丰富力量强，
学习学习再学习。

（作于1964年5月10日）

老场长*

老场长回来啦！
他走遍了林场的各个工地。
他给我们带来了革命宝书“老三篇”，
还有大庆油田创业的消息。

老场长回来啦！
他带来了兄弟单位的先进经验。
他给大家讲雷锋怎样工作学习。
他走到哪里，
哪里就充满蓬勃朝气。

老场长回来啦！
他看望了喂马的老邓、
生病的小李。
还把自己节省下的粮票，
分给下乡青年大王和小吕。

老场长回来啦！
他的情绪总是那么乐观，

他的声音总是那么有力。
他卷腿挽袖，
挑粪、刨地。
他和我们同吃同住同甘苦。
他的心和林场工人紧紧连在一起。

老场长啊，老场长，
我们无比敬佩您！
您的思想作风，
行动和言语，
像革命的种子，
深深地播入我们青年人的心底。

（作于1964年5月26日）

注释：
* 老场长张德纯年逾五旬，他一年四季奔波在林业生产第一线，把育林和育人当成自己的终身职责，深受林场工人的尊敬和爱戴。

学习《愚公移山》

筑路劈山钢铁汉*，
夜读《毛选》润心田。
李白若有愚公志，
或许重书《蜀道难》。

（作于1964年5月27日）

注释：
* 为了解决山上木材外运的困难，在老场长的带领下，林场工人在孙家窝棚石湖山上开山劈岭，苦干三个多月，修筑了一条运木材出山的通道。

回年轻朋友的来信

年轻的朋友，
请不必客气。
我们既是朋友，
又是阶级兄弟。
是共同的理想和信念，
让我们结成青春的友谊。

艰难困苦，
是成长的磨砺。
坚持到底，
勇敢迎接坎坷和风雨。
只有战胜那长夜的寒冷和黎明前的黑暗，
温暖的太阳才会在你的心中冉冉升起。

（作于 1964 年 5 月 29 日）

别离道情

一

他乡逢挚友*，
相问梦何求。
择业植松柏，
成材济九州。

二

男儿当自立，
风雨敢行舟。

莫等生白发，
年华付水流。

三

不爱衣着美，
甘为孺子牛。
身居乡野里，
未敢忘国忧。

四

前人植树木，
后世享丰收。
绿意承千载，
浓情万古留。

（作于1964年6月5日）

注释：

* 1964年6月，在探家返回林场的途中巧遇中学时代的同学杨巧芬去熊岳农校学习，在火车上谈人生谈志向，感而书之。

赤山行*

一

云飞松欲倒，
风静刺梅香。
幽谷蝉声起，
林中百鸟忙。

二

涧水轰鸣穿谷底，
危峰林立入云天。
青松古洞悬绝壁，
道士荷锄迎客前。

三

古刹龙潭寺，
碣石记废兴。
名山观圣迹，
宝殿觅仙踪。
云过苍山绿，

霞飞峭壁红。
荷潭观月色，
松下看流萤。

（作于1964年6月14日）

注释：
*赤山系盖州名山，山有道观、寺庙、奇松、古洞，山高路险，人迹罕至。林场派工人看山护林。1964年6月14日，林场首次派我去赤山。

苦与乐

植树造林是艰苦的工作，
我们面对的是高山大河。
我们的岗位在沙漠野岭，
我们的年华在蛮荒中度过。

前人植树，
后人收获。
我们用汗水滋润大地，
青山为我们起舞，
碧水为我们欢歌。

我们因青山永续而光荣，
我们因造福后人而快乐。
以苦为荣，
以苦为乐。
这就是新中国林人的胸怀和品格。

（作于1964年8月14日）

秋　色

森林里，
秋叶儿沙沙作响，
一片片，
一层层，
飘落在洒满霜花的草地上。

溪水旁，
野菊花在静静地绽放。
花鼠儿上蹿下跳，
忙碌着把榛果儿收藏。

树枝上，
一只失群的小鸟，
东张西望，
叫声凄凉，
不知飞向何方。

远方，
传来几声鞭响。
对面山上，
游动着白云般的群羊。

（作于 1964 年 9 月 27 日）

下乡何为

主席挥手指方向，
城市知青齐下乡*。
奋起长空鹏展翅，
历经烈火铁成钢。
愿为久旱及时雨，

乐见年丰谷满仓。
山水林田创新路，
战天斗地莫彷徨。

（作于1964年10月2日）

注释：
* 1964年营口市又有许多初、高中毕业学生响应毛主席号召下乡到农村。许多下乡同学来信相互探讨、交流下乡的意义和切身体会。

要清醒、要警惕

不要把自己估计过高，
也不要把自己看得太低。
应有自信，
不可自负。
要一分为二，
正确对待自己。

一切事物，
无不因一定条件转化。
任何事业、任何岗位，

都存在着，
成功、失败，
挫折、胜利。

失败是成功之母，
成功没有一劳永逸。
君不见多少英雄豪杰，
功成名就不再努力，
不知天外有天、福祸相依，
一梦醒来前功尽弃。

（作于1964年10月20日）

心　愿

我不求清闲和安逸，
我渴望挑战和斗争。
我愿永远战斗在革命需要的第一线，
为祖国和人民的利益勇敢冲锋。
在奋斗中，增长才干。
在奉献中，实现夙愿。

在造福于人民与社会的事业中，
度过壮丽的人生。

（作于 1964 年 11 月 1 日）

入伍申请 *

为保卫国家，
为解放台湾，
为消灭帝修反，
我愿上前线。

为保卫毛主席，
保卫党中央，
为人类求解放，
我愿把兵当。

（作于 1964 年 11 月 10 日）

注释：

* 1964 年 11 月，解放军征兵工作队来万福为适龄青年做报告，动员广大适龄青年报名参军，会后我写了入伍申请。

眷　恋

收到了
应征入伍通知书。
美好的愿望，
即将实现。

领到了
蓝色的新军装。
离别的日子，
来到眼前。

望一眼白雪覆盖的青山，
看一看共同奋斗的伙伴。
还有那，
小溪、石湖、幼树、牛栏……
心中有难舍的眷恋。

（作于 1964 年 12 月 15 日）

欢　送*

锣鼓喧天礼炮鸣，
全城处处舞歌声。
家乡父老齐出动，
欢送光荣入伍兵。

（作于 1964 年 12 月 16 日）

注释：

* 1964 年 11 月，海军某潜艇部队到盖县万福地区征兵。我体检合格，应征入伍，12 月 16 日同全县入伍新兵离开盖县。盖县父老乡亲全城出动欢送新兵入伍。

军旅生涯

1964年至1989年，这是我人生的黄金时代。在解放军这所毛泽东思想大学校里，在经历过解放战争、抗美援朝战争考验的部队首长的言传身教之下，我进一步坚定了为党和人民的利益，为国家富强、人民幸福奋斗终生的理想和信念。

惜　别

汽笛一声长鸣，
列车缓缓启动。
“向前！向前！向前！”
《解放军进行曲》格外嘹亮动听。

锣鼓声，口号声，
声声入耳。
千叮咛，万嘱咐，
铭记心中。

千万只手，千万朵花，
频频摆动。
千万颗心，千万双眼，
无限深情。

家乡的田，
家乡的树，
渐渐离去。

远方的山，
远方的水，
飞过眼中。

车轮滚滚，
泪眼蒙眬，
思绪千重。

此行何去？
此去何为？
家国亲朋！

（作于1964年12月16日）

清平乐·喜逢故知 *

巍巍战舰，
军港重相见。
万朵春花红烂漫，
挚友情怀未变。

别来六个秋冬，
各为鸿雁鲲鹏。
今日并肩携手，
海疆共筑长城。

（作于 1965 年 3 月 20 日）

注释：
* 1965 年 3 月 20 日，登 220 护卫舰，与 1960 年入伍的初中同学董世跃在旅顺军港相逢，喜而书之。

辨别友谊

友谊，
这个字眼十分靓丽。
有一种友谊，
是化作美女的毒蛇。
它会将你缠绕到枯敝。

友谊，
这个字眼十分亲密。
有一种友谊，
是掺有迷药的美酒。
它会让你忘乎所以，
腿软如泥。

友谊，
这个字眼十分仗义。
有一种友谊，
是江湖上的结拜兄弟。
它会让你不辨是非，
为朋友两肋插刀，

毁掉自己、与事无益。

友谊，
这个字眼十分有力。
有一种友谊，
是爱憎分明的情怀。
它给你批评和鼓励，
能令你胜不骄、败不馁，
它让你增长知识、智慧和勇气。

（作于1965年4月）

母校的生日

今天，四月一日，
是母校的生日。
每逢佳节倍思亲，
越是远离家乡，
越是思念母亲和她哺育的优秀儿女。

亲爱的母校啊！

当年的小树，
如今已冲天直立。
敬爱的老师哟！
我们能茁壮成长，
是因为您的精心抚育。

我可爱的同学们啊，
我们不管走到哪里，
都不要忘记，
为母校增光，
为祖国效力。
因为，
我们是营口市高中走出的
中华儿女！

（作于1965年4月1日）

年华与胸怀

我们的年华，
像盛春的树冠，

党的雨露滋润我们成长。

我们的年华，
像初升的太阳，
毛泽东思想引领我们蓬勃向上。

我们的胸怀，
像蓝天一样坦荡。
我们无私无畏，
为人民扛枪打仗。

我们的胸怀，
像大海一样宽广。
为共产主义奋斗，
是我们的崇高理想。

（作于1965年6月10日）

清平乐·援越抗美

飞机军舰，
轰炸难如愿。
侵略南方堪悲惨，
又向北方进犯。

南疆烽火通明*，
人民众志成城。
战士摩拳擦掌，
随时准备出征。

（作于1965年8月10日）

注释：
*侵犯越南的美国飞机1965年8月入侵我海南岛沿海一带，进行侦察挑衅。消息传来，官兵义愤填膺，纷纷申请参加援越抗美，上阵杀敌。

萤火虫

小小萤火虫，
飘忽似精灵。

我走它亦走，
我停它不停。

小小萤火虫，
夜里送光明。
囊萤映雪少年志，
千载留芳名。

小小萤火虫，
闪闪绕岗亭。
伴我戍边守海防，
叙说古今情。

（作于 1965 年 8 月 15 日）

游泳训练

秋风劲吹，
大海咆哮。
大自然似乎在向我们挑战，
游泳健儿兴致更高。

不怕风吼海啸，
更喜巨澜翻倒。
波峰浪谷随涛涌，
何惧地晃天摇。

如儿时睡摇篮，
似游龙腾九霄。
白云为我接驾，
青山向我微笑。

我爱恋大海，
为保卫祖国海疆骄傲。
我渴望洗礼，
为融入汹涌的波涛自豪。

（作于 1965 年 8 月 27 日）

卓　娅

——看电影《丹娘》有感

卓娅，苏联卫国战争时期的女英雄。她在深入敌后烧毁德军武器和马厩时被捕，被捕后备受折磨，严守机密，即将就义时，号召村民起来斗争，牺牲时年仅18岁。电影《丹娘》记述了英雄卓娅成长的历程。

卓娅，
中国人民没有把你忘记。
你不仅是苏联人民的英雄，
在中国，
人们对你同刘胡兰一样崇敬。

你短暂的一生，
像一颗闪光的流星，
燃烧着自己的生命，
引导人们冲破黑暗，
奔向光明。

你是一位伟大的爱国者，
你是世界反法西斯战争中最杰出的女性。
你的名字早已飞越国境。

你的精神永远活在忠于祖国、
热爱和平的人们心中。

（作于 1965 年 9 月 3 日）

阮文追[1]

爱国志士阮文追，
抗美英雄万古垂。
身陷魔窟惊鬼魅，
颈缠枷锁响惊雷。
杀敌奋勇荆轲胆[2]，
就义光明日月辉。
昂首一呼天地动，
同仇敌忾筑丰碑。

（作于 1965 年 10 月 1 日）

注释：
①读通讯《像他那样生活》，为越南南方抗美救国英雄阮文追的事迹感而书之。
②这里用荆轲刺秦王的故事比喻阮文追设伏刺杀美国战争魁首之一麦克纳马拉的壮举。

装战雷*

首长在做战斗动员，
鱼雷兵一个个眼睛瞪圆。
美帝国主义怀着霸占世界的野心，
侵略的矛头已伸到我们的眼前。

他支持印度反动派反华，
同现代修正主义狼狈为奸。
他赖在我国台湾不走，
又企图在越南把朝鲜战争重演。

看一看《人民日报》，
美国飞机军舰又在伤我渔民、侵我海南。
听一听来自越南南方的消息，
侵越美军增加到五万、十万、十三万。

战士的心中燃烧着复仇的怒火，
倾听首长动员握紧双拳。
检修所就是杀敌的战场，
检修好鱼雷去击沉敌舰。

一声令下说干就干，
鱼雷兵人人奋勇争先。
我们要把压抑在心中的仇恨，
装进战雷去把五角大楼的侵略美梦炸翻。

听，发动机在震天怒吼，
看，推进器在高速飞转。
压缩机在隆隆轰鸣，
高压瓶喷射着愤怒的气焰。

哗啦啦吊链响战雷飞旋，
轰隆隆尘滚滚雷车往返。
排故障分大段分秒不闲，
操雷组的战士个个汗浸衣衫。

东方的太阳不知何时落山，
检修所里鱼雷兵激战犹酣。
消灭敌人就要完全彻底，
白天干不完我们连夜奋战。

累了，看一看毛主席语录板。
困了，想一想敌人就在眼前。

为了捍卫祖国海疆的安全。
不完成任务怎能离开火线！

明月安宁地映照着军港海面，
检修鱼雷的战斗热火朝天。
是什么力量使鱼雷兵越战越勇？
主席思想的光辉把夜晚变成了白天。

时针正指午夜十二点，
检修所欢呼声响成一片。
最后一条战雷顺利装进了出征的潜艇，
兴奋的战士们忘记了夜战的疲倦。

纸老虎要当真老虎打，
我们把最好的武器送到前线。
新的胜利在向我们招手，
我们要总结经验迎接新的挑战。

（作于1965年10月29日）

注释：

* 当时潜水艇出海装载的蒸汽瓦斯鱼雷要经过检修，加满气、水、油和连接战雷头后才能装入潜艇。这是记录一次鱼雷兵为潜艇紧急出航准备战雷的战斗场面。

栈桥夜景*

你是刺向夜空的宝剑，
你是通向龙宫的金桥，
你是连接天地的彩虹，
蔚蓝的大海将你亲切环绕。

你比宝剑更耀眼，
你比金桥更俊俏，
你比彩虹更多姿，
你为美丽的青岛增色添娇。

天上彩云追明月，
桥下白浪拍暗礁。
试问青岛景色何处好？
最美栈桥。
试问栈桥景色何时好？
最美今宵。

（作于 1965 年 11 月 6 日青岛）

注释：
*1965 年 11 月赴北海舰队参加援越抗美外语培训班学习期间游览青岛海滨夜景时所写。

读《保卫祖国边疆的英雄》

《保卫祖国边疆的英雄》一书记述了陈代富、吴元明等中印边界自卫反击战中的战斗英雄们的光辉事迹。

光荣啊！
保卫祖国边疆的英雄。
英明啊！
党和毛主席指导的边境斗争。

每一个革命战士，
都应以陈代富、吴元明为榜样，
遵守纪律，勇敢坚定。
还有那为国捐躯的罗光燮、张映鑫、王忠殿……
历史的丰碑，
已记下烈士的英名。

英雄的业绩绝非瞬息筑成，
平凡的岁月里他们个个是无名的雷锋。
我们要走英雄成长的道路，
继承我军优良传统。
平时努力学习，刻苦训练，

战时听党指挥，报国立功！

（作于1965年11月21日）

请　战*

经过援越抗美培训，
更坚定了奔赴前线的信心。
美帝无理侵犯越南，
滔天罪行举世公认。

出国作战的考验即将来临，
伟大的时代孕育着英雄的功勋。
我们要把美帝国主义的侵略美梦砸烂，
我时刻准备上战场支援越南人民。

批准我去吧！
我已写好了告别信。
快下命令吧！
我决不辜负党和人民的信任。

美军的海空优势，
打不赢半个越南。
人民战争的火海，
在等待着侵略者灭亡的命运。

（作于 1965 年 11 月 26 日）

注释：
* 在越南战争期间，我国除对越南给予大量军事装备和物资援助外，还派出军事人员给予支援。我曾参加援越抗美的出国培训，后因形势变化，未能实现上战场的愿望。

学习王杰*

我们怀着，
沉痛而崇敬的心情，
来把你，
英雄的赞歌传颂。

你为我们，
树立了一面崭新的旗帜。
你是我们，
伟大时代的又一个雷锋。

我们学习你，
胸怀祖国，放眼世界。
学习你，
对人民深厚的无产阶级感情。

我们学习你，
为革命做一粒不畏严寒的良种。
学习你，
做一颗万能的螺丝钉。

我们学习你，
做践行“一不怕苦、二不怕死”的钢铁战士。
学习你，
做临危不惧、奋不顾身、董存瑞式的英雄。

（作于1965年11月15日）

注释：

* 英雄王杰1942年生于山东金乡，1961年8月应征入伍。1965年7月他到江苏省邳县张楼公社帮助民兵训练，在炸药包发生意外就要爆炸的紧急时刻，他为了掩护在场民兵的生命安全，扑向炸药包，英勇牺牲。

读《钢铁是怎样炼成的》

保尔，
你是真正的无产阶级革命战士。
在苏维埃革命处于最困难、最危险的时刻，
你毫不动摇、勇敢坚定。
你和战友们击溃了白匪的进攻，
战胜了难熬的饥饿、寒冷和疾病。

保尔，
你的一生，
是艰难的一生、战斗的一生。
你在战胜敌人、战胜困难的同时，
战胜了自我，
把一切献给了捍卫红色政权的斗争。

保尔，
你的一生，
是火热的一生、快乐的一生。
为无产阶级的翻身解放冲锋陷阵，
义无反顾。

永远战斗在第一线战士的队伍里，
是你的座右铭。

保尔，
你的思想超越时代，
你的品德我们赞美、传颂。
在力量完全丧失前你一直在战斗。
你的心脏从未停息，
至今仍在和我们的一起跳动。

（作于1966年1月18日）

迎亲人*

父母最知儿女意，
新春佳节送温馨。
红旗飘飘映瑞雪，
战士列队迎亲人。

感谢亲人来慰问，
冒雪踏浪来营门。

亲人挥手向我们笑，
子弟兵与人民心连心。

胜利的锣鼓丰收的舞，
掌声呼声响入云。
军民联欢庆佳节，
兴奋的泪花眼角噙。

注释：
* 1966 年春节，旅大市拥军慰问团正月初四顶风冒雪来旅顺老虎尾，亲切慰问子弟兵并携歌舞团为部队慰问演出，潜艇支队全体官兵深受感动，列队欢迎。

五　月

——纪念五四运动 47 周年

五月的阳光，
为何这样灿烂？
五月的花儿，
为何这样鲜艳？
五月的松柏，

为何这样苍翠？
五月的风儿，
为何这样温暖？

五月的阳光，
是先烈的红心赤胆。
五月的花儿，
是先烈热血浇灌。
五月的松柏，
是先烈的英雄气质。
五月的风儿，
是先烈的爱国热情把严寒驱散。

四十七年前，
旧中国民生涂炭。
我们的革命先辈，
点起了反帝反封建的烈焰。
为了中华民族的翻身解放，
同国内外压迫者展开了殊死决战。

前仆后继四十七年，

祖国大地沧桑巨变。
无数革命先烈，
用头颅和鲜血，
为我们换来了五月的新天。

我们是革命事业的接班人，
五四运动的传统要代代相传。
打倒帝修反，
让天下受压迫人民翻身得解放，
先烈的遗志我们一定要实现。

（作于1966年5月4日）

干革命靠毛泽东思想

毛泽东思想，
是我们心中的红太阳。
它驱散了旧中国的阴霾，
把劳动人民翻身解放的道路照亮。

毛泽东思想，

是我们心中的红太阳。
它温暖了天下受压迫人民的心，
指引着世界革命的方向。

毛泽东思想，
是我们心中的红太阳。
它号召全世界人民团结起来，
把万恶的帝国主义埋葬。

我们靠毛泽东思想，
推翻了压在人民头上的三座大山，
战胜了日本侵略者，
打垮了蒋介石匪帮，
击溃了侵朝美军的狂妄。

我们靠毛泽东思想，
大庆石油滚滚流，
大寨花开化麦浪。
一万二千吨水压机问世，
高精密仪表机床出厂。

我们靠毛泽东思想，
蘑菇云腾空而起，

热核弹震天巨响。
彻底粉碎了帝修反的军事包围、经济封锁，
伟大的中华民族傲然屹立在世界的东方。

（作于1966年6月24日）

驿动的心

一封封深情的来信*，
一次次别离的眼神。
像春风，
像烈火，
熔炼我驿动的心。

团代会上相识，
知青会上留音。
报效祖国的理想信念，
让彼此心心相印。

相聚、相遇、离分，
失联、思念、找寻。
互学、互帮、互敬，

友谊在成长中日益增进。

丘比特之箭在闪光，
明媚的春天已降临。
可协理员说：
义务兵服役期内不准谈恋爱。
你将如何对待？
我可亲可爱的年轻人。

（作于1966年6月27日）

注释：
* 下乡期间，我曾被评为盖县优秀团员、营口市优秀下乡知识青年和林业战线先进工作者。入伍后，与当年参加团代会、知青代表会、先进工作者代表会期间结识的青年朋友仍继续保持通信联系。其中不乏相倾相慕的女青年。由于我的信件比别的战士多，引起了领导的关注。我把情况如实向领导汇报，协理员说我还年轻，战士在服役期间不应谈恋爱，应把精力集中在工作和学习上。领导找我谈话后，我逐步减少了与地方女青年的书信交往。

优秀社员黄小双①

伴着夏日的骄阳，
我们曾愉快地劳动在青纱帐。

生产队忆苦思甜大会上，
你的情绪是那样沉痛激昂。

在那深秋的夜晚，
打谷场已变成战场。
你脸上滚动着晶莹的汗珠，
谷穗儿在你手中上下飞扬。

在那严冬的霜晨，
男儿们还没起床。
你已挑着积肥的担子，
走遍了邻里街坊②。

望着你踏过的一串串脚印，
引起我心中一阵阵遐想。
多么勤劳纯朴的农家儿女，
不愧为青年社员学习的榜样。

（作于1966年12月13日）

注释：
①我当时在辽宁海城王石公社前坎大队参加农村“四清”运动。
②为了多积肥、多打粮，前坎大队动员青年社员开展积肥活动。团员青年响应号召，每天早晨挑着担子挨家挨户地收集尿液，用来做肥料。年轻女社员黄小双表现特别突出，被评为优秀社员。

当好炊事员 *

当兵学做饭，
不畏五更寒。
确保三餐美，
肥猪小菜园。

（作于 1967 年 2 月 9 日）

注释：
* 炊事班老兵复员，所长调我去炊事班，每天的工作是做饭、养猪、种菜。我欣然服从。当年海军陆勤一类灶的伙食标准为一天四毛三分一厘八。连队通过养猪、种菜、捕鱼改善伙食。

忆林场工友别离

惜谢青山酬碧海，
雄心壮志满胸怀。
雪埋松叶松增绿，
雨打花蕾蕊半开。
同志相逢言不尽，
亲人分手意难白。

问君此去何时返，
幼树成林凤自来。

（作于 1967 年 3 月 27 日）

读《毛选》
——赞中国革命

贫苦工农求解放，
舍生忘死破牢笼。
秋收起义红旗举，
五井挥师方向明*。
万里长征征险恶，
八年抗战战倭兵。
蒋军溃败如山倒，
赤县神州旭日升。

（作于 1967 年 9 月 8 日）

注释：

* 五井指井冈山的大小五井，朱德和毛泽东在此会师并建立革命根据地。

沁园春·旅顺口

北海京门[①]，大坞泊船[②]，虎尾驻舟[③]。
看银鹰展翅[④]，蓝鲸戏水[⑤]，铁山高耸，碧海横流。
岸导实发[⑥]舰机操演，苦练精兵卫九州。
观天下，有苏修美帝，未雨绸缪。
何谓历史钩沉？念先辈难书血泪仇。
恨沙俄日寇，攫夺要塞，清廷将相，半岛难收[⑦]。
甲午交锋，倭贼施虐，忠烈铮铮白骨留。
思国耻，要图强雪恨，告慰千秋。

（作于1967年9月13日）

注释：

①海军旅顺基地为北海舰队所辖。黄、渤海交汇处的老铁山水道，系护卫京津的海上大门。

②旅顺大坞是清朝政府为在旅顺设防所建，1890年投入使用。

③虎尾指老虎尾海军潜艇基地。

④银鹰指海军航空兵飞机。

⑤蓝鲸指潜水艇。

⑥岸导实发指岸炮和导弹两种兵器实际发射，攻击海空目标。

⑦半岛难收指先后被沙俄、日寇侵占的我国旅顺要塞及辽东半岛。

心中的星火

萧瑟的秋风，
吹动了我心中闪烁的星火，
真担心这星火烧成烈焰，
将我在踌躇中毁灭。

坚强些，
稳重些，
别回避这心中的风与火。
用镇定和理智洞悉一切。

人生不仅有征途的坎坷，
也有情感的波折。
只有经历秋冬的风雪，
才能把明媚的春光迎接。

（作于 1967 年 9 月 27 日）

学习刘英俊

英雄刘英俊，1945 年生于吉林长春，1962 年应征入伍，1966 年 3 月 15 日在佳木斯公共汽车站附近拦惊马救儿童壮烈牺牲。新中国成立 60 周年时，被评为 100 位新中国成立以来感动中国人物之一。

学习英雄刘英俊，
做最高指示的执行者。
毛主席怎么说，
我们就怎样做。
把青春献给伟大的祖国。

学习英雄刘英俊，
做毛泽东思想的传播者。
作革命诗，
写革命文，
为党的事业鼓与歌。

学习英雄刘英俊，
做人民利益的捍卫者。
生死关头，

绝不畏缩，
人民的利益高于一切。

（作于 1967 年 10 月 7 日）

身　世

吾乃贫家子，
生来耐苦辛。
求学常断续，
劳作伴终身。
植树南山岭，
扛枪北海滨。
忠心跟党走，
服务为人民。

（作于 1967 年 10 月 30 日）

送战友

山静静，
水渺渺。
送战友，
踏天桥。
远航巨轮要起锚，
心情逐浪高。

走天涯，
去海角。
前程远，
路途遥。
“下定决心”歌一曲，
壮志冲九霄。

老虎尾，
小平岛*，
革命战友别离了。
相处十载不嫌多，

留语千言只恨少。
荣归故里见父老，
替我问声好。

（作于 1967 年 11 月 12 日）

注释：
* 当年旅顺老虎尾和大连小平岛两个潜艇基地同属一个支队，两处复员战友同日离队。

感事三则

一

闻君事已成[①]，
遥祝相如兄[②]。
常忆春天里，
青山绿水情。

二

洁身清似水，
心比艳阳红。
欲把青山绕，
山高意态萌。

三

前线烽烟紧，
英雄释恋情。
丽达失保尔，
爱恨已消融[3]。

（作于 1967 年 12 月 20 日）

注释：
①收到曾经相知相慕的同学结婚的喜讯，欣然书之。
②第一句“闻君”和第二句“相如”是借用汉代卓文君和司马相如的爱情故事，祝福他们婚姻美满。
③这里引用《钢铁是怎样炼成的》一书中保尔与丽达的爱情故事，诠释爱情在军人心中的位置。

明　志

愿终身奋战疆场，
立壮志国家富强。
为革命鞠躬尽瘁，
爱人民胜似爹娘。

（作于 1968 年 2 月 22 日）

谢月翁

心无旁骛念一经，
长辈关怀问友朋*。
纵有真情无恋意，
谢辞月老系红绳。

（作于1968年4月9日）

注释：
*1968年4月因公出差路遇林场张德纯老场长。归来后老场长来信关心婚事并介绍朋友，因自己服役期未满，故谢而辞之。

回复员战友来信

长思志在耕耘者，
战斗生涯友谊深。
但愿同心齐努力，
南鸿北鲤报佳音。

（作于1968年4月20日）

快乐人生

胸有凌云志，
知难勇向前。
家贫知孝悌，
国难见忠贤。
投笔植松柏，
从戎戍海边。
常思多奉献，
快乐满人间。

（作于1968年5月10日）

念故乡

赤山高耸云天外①，
碧水环流日月长②。
海岛春催杨柳绿③，
故乡桃李正芬芳。

（作于1968年5月19日）

注释：
①赤山是盖州最高的山，详见本书《赤山行》注释。如今是盖州旅游景区。
②碧水指盖州最大的河流碧流河，该河为大连市的重要饮用水水源，自盖州向南经庄河、普兰店，最终流入大连碧流河水库。
③海岛指旅顺老虎尾半岛。

赠李育同学

郁郁南山春意重，
滔滔北海友情深[①]。
安知山海难相聚[②]，
饮恨何如不识君。

（作于1968年6月4日）

注释：
①李育是我高中同学，1964年下乡。共同的理想志向让我们结下了深厚的友谊。
②当时部队对军人婚姻对象的阶级成分有严格的要求，由于李育同学家庭成分原因，指导员说“军人婚姻要服从部队规定”，因而友谊未能延伸。

出 航

旭日东升，
普照四方。
大海无垠，
碧波荡漾。

手旗挥舞，
信号闪光。
笛声阵阵，
战舰出航。

海涯天际，
浑然一体。
驶向深蓝，
巡我海疆。

（作于1968年6月20日）

青春印记

不畏人生苦，
寒门路自开。
十八出校舍，
十九入班排。
投笔驱荒野，
从戎踏浪来。
征途多坎坷，
壮志满胸怀。

（作于 1968 年 6 月 30 日）

国庆受阅·之一 *

世界上什么最光荣？
保卫祖国来当兵。
世界上什么最幸福？
见到伟大领袖毛泽东。

战士进京去受阅，
心花怒放喜泪涌。
昨晚传来出发令，
彻夜难眠盼天明。

军列飞奔去北京，
战士宣誓表忠诚。
毛泽东思想传万代，
为国为民献此生。

（作于1968年9月13日进京受阅的军用专列上）

注释：
* 1968年9月，我有幸被选为国庆19周年北京受阅部队海军方队的成员，于9月14日到达北京良乡集训。10月1日，在天安门广场接受伟大领袖毛主席检阅。

国庆受阅·之二

海防前线到北京，
战士想念毛泽东。
深情的话儿说不尽，
激动的歌儿唱不停。

毛主席走上观礼台，
天安门响起了《东方红》。
毛主席挥手向我们笑，
行进的步伐更坚定。

天安门上红日升，
毛主席检阅陆海空。
人民军队忠于党，
紧跟领袖毛泽东。

（作于1968年10月1日）

清平乐·粉碎四人帮

阳光灿烂，
风扫乌云散。
天道好还随民愿，
四害黄粱梦断。

金杯美酒歌声，
举国上下同庆。

四化宏图伟业，
神州众志成城。

（作于1976年10月）

参观旅顺万忠墓

白玉山头倭寇塔①，
万忠墓下葬忠魂②。
家仇国耻铭天地，
世代强军警后人。

（作于1976年12月）

注释：
①旅顺白玉山上的白玉塔系日俄战争后日本帝国主义侵略者为美化侵略战争、祭祀战争亡灵，强迫中国劳工修建的“表忠塔”。
②万忠墓系旅顺人民为纪念中日甲午战争时被日寇屠杀的两万余名骨肉同胞所建，以示永矢不忘。

偶　感

我感谢别人的关心，
但我不需要向任何人乞求。
我渴望实现我的希望，
但无论希望多么美好、重要，
我决不会为此低下高昂的头。

希望、需求可以放弃，
人格、信仰、气节绝不能丢。
共产党人坚守的原则，
是为国、为民、为社会，
工作、学习、战斗。

（作于 1977 年 7 月 22 日）

浦江之夜*

漫江灯火映申城，
广厦琼楼近月宫。
夜半钟声惊玉兔，

晨歌一曲太阳升。

（作于1977年12月10日）

注释：
* 因公初次到上海，为上海现代国际大都市的繁华而震撼，写于上海南京饭店。

怀念周总理①

决胜兼文武②，
扶国胜管商③。
恩德滋沃土，
肝胆照蛮荒。
神采留千古，
威严震万邦。
人民思总理，
四化谱新章。

（作于1978年3月5日）

注释：
① 1978年3月5日是周恩来总理诞辰80周年。赋诗一首怀念伟人。
② “文武”指周文王、周武王。
③ “管商”指管仲、商鞅。他们都是我国古代春秋时的著名哲学家、政治家、军事家。

送战友刘吉财转业 *

不惑之年皓发生，
壮心未已意难平。
举杯低述当年勇，
把盏高歌往日情。
解甲为民寻故里，
转身创业觅新朋。
天宽地阔凭驰骋，
再续新篇论纵横。

（作于 1979 年 7 月 22 日）

注释：
* 刘吉财同志时任食堂科科长，入伍 20 年，转业时依依不舍。我时任政治处干事，为其送别。

赞木芙蓉

一树庭前立，
临窗展笑颦。
洁身出圣水，

柔臂举虹云。
温顺知人意，
馨香醉客心。
伴君同雨露，
相许共柴薪。

（作于 1979 年 8 月 8 日）

送赴广西接艇官兵*

接艇梧州万里行，
遵规守纪做尖兵。
夜航台海经风雨，
胜利安全树美名。

（作于 1982 年 2 月 4 日）

注释：

* 1982 年 2 月，支队向我中队下达去广西梧州接收新艇任务，我中队选派 15 人小分队出征，临行前对接艇官兵提出上述要求。半年后小分队接艇归来，圆满完成任务，受到旅顺基地通报表扬。我当时任潜艇岸勤部辅助船中队政委。

学习新党章[1]

集训班中火正红，
披肝沥胆炼忠诚。
甘当公仆别辞苦，
愿做党员端党风。
既把此身投革命，
岂容他念违初衷。
四查四讲清污垢[2]，
理想坚实道路明。

（作于1983年2月）

注释：
①这里所说的新党章是指1982年党的十二大通过的新党章。
②四查四讲：
讲党的奋斗目标，查共产主义理想坚不坚定；
讲党的宗旨，查为人民服务的思想树得牢不牢；
讲党的纪律，查组织纪律观念强不强；
讲党员标准，查履行权利义务执行得好不好。

张海迪之歌[①]

你干裂的双唇，
吹响了青春的序曲。
你驾驭着智慧的骏马，
追赶着时代的车轮。

你嘶哑的歌喉，
唱出了令人振奋的音韵。
一句句娓娓动听的陈述，
展现出蜡烛般的红心。

是什么力量，
使你战胜疾病的摧残？
是什么力量，
使你不畏世俗、不甘沉沦？

是古丽雅[②]的道路，
是卓娅的坚强，
是吴运铎[③]的忠诚，
是雷锋的精神。

人民的乳汁，
知识的营养，
英雄的理想，
哺育了你的身心。

人间的生活是多么美好，
人生的道路宽广无垠。
你集理想、道德、知识、纪律于一身，
你是最懂生活最会走路的人。

你是当代青年的旗手，
引领人们向愚昧、贫穷挑战。
你是震撼人心的号角，
唤醒人们掌握自己的命运。

你是革命战士的榜样，
生命不息，战斗不止。
你是党和人民的优秀儿女，
为建设祖国美好的明天奉献青春。

（作于1983年5月21日）

注释：

①张海迪1955年生于山东济南。五岁时患脊髓病，胸部以下全部瘫痪，

从那时起张海迪开始了她对命运的抗争。她自强不息，自学成才，1983年3月7日，被团中央授予“优秀共青团员”光荣称号。1983年5月20日，部队请张海迪做报告，她的事迹感动了全场每一个人。
②古丽雅，苏联女英雄，在斯大林格勒保卫战中献出了年轻的生命。
③吴运铎，中国人民抗日战争时期兵工事业的开创者，新中国第一代工人作家。他的作品《把一切献给党》教育了整整一代人。

暮　春①

布谷声声叫，
落花黏土香。
芳春随日减，
华夏逐天强②。

（作于1983年6月）

注释：
①美好的春天即将过去，夏日的阳光在一天天增强。我入伍已近20个春秋，青春将逝，我热爱的祖国在一天天强大，心中充满欣慰之情。
②“华夏”在此有双意，既指华美的夏天与“芳春”相对，又是祖国的别称。

潜艇兵之爱

我爱蓝天，
我爱太阳。
蓝天是那么纯洁高尚，
太阳是那么温暖明亮。

我爱蓝天，
我爱太阳。
蓝天召唤我们探索向上，
太阳给我们力量和希望。

我爱潜艇，
我爱海洋。
潜艇是大海的骄子，
大海是母亲宽阔的胸膛。

锚泊，
大海让我们坚定不移。
下潜，
大海将我们深深隐藏。

上浮，
大海把我们轻轻托起。
前进，
大海为我们推波助浪。

每当大海把我们从深处举起，
最先迎接我们的是蓝天、太阳。
纵使我们航行到天涯海角，
大海、蓝天、太阳，
永远与我们相伴。
宽广、高尚、明亮，
是潜艇兵的胸怀、品德和向往！

（作于1984年4月20日从海洋岛返回旅顺口的航渡中）

送　别①

边关飞渡归期近，
难舍往昔兄弟情。
北海练兵千日苦，

铁山植树万年青[2]。
官兵携手涛中闯，
潜艇伏击水下行。
风雨同舟成记忆，
不知何处再相逢。

（作于1984年9月）

注释：
①我时任231潜艇政委，此诗为送本艇1984年度复员老兵而作。
②退伍战士在服役期间曾多次到驻地附近的老铁山、小平岛等地植树造林，绿化荒山。

军人的情怀

南极冰雪北国风[1]，
革命生涯奋斗中。
热血男儿怀壮志，
忠贞烈女爱英雄。
莫忧万里边关冷，
且喜千村社火红。
昼夜巡航护疆海[2]，
民安国泰庆升平。

（作于1985年春节）

注释：

① 1985 年春节期间，海军参谋长赵国臣任我国首次南极考察队副总指挥兼海军总指挥，率队到南极考察，我艇官兵在北海舰队担任战备值班任务。

②春节期间我艇在海上昼夜巡航保卫海疆。

锚训散曲

乌云翻滚着遮住蓝天，
狂风拼命为大海推波助澜。
巨浪把战艇高高抛起，
瞬间又把它重重地摔向深渊。

扬帆远航岂能畏风高浪险？
定点抛锚就直面巨涛狂澜。
怕什么冒虚汗、吐黄胆、肠胃翻转，
束紧腰、咬紧牙、我们经受考验。

敌人怕的是智勇双全，
困难怕的是心恒志坚。
我们是新一代年轻水兵，
全天候、练为战、从难从严。

狂涛终于被战艇切成细浪，
乌云终于被官兵的战斗激情驱散。
信号台的灯光远远地向我们呼唤，
欢迎锚训归来的舰艇回到宁静的港湾。

（作于 1985 年 4 月 28 日塔河湾锚地）

军嫂探亲 *

一

千里迢迢为探亲，
花香鸟语正逢春。
高高兴兴来营地，
只见空房不见人。

二

昨日传来出海令，
紧急装载海疆巡。
登高远望波涛涌，
沧海茫茫不见君。

三

潜艇归来忧变喜，
码头待命喜中忧。
亦忧亦喜皆因爱，
乐以芳春等晚秋。

四

妻子念君灯未熄，
征夫枕戈待行舟。
相隔咫尺难相聚，
明月弯弯照九州。

（作于 1985 年 5 月 6 日）

注释：

* 1985 年五一节期间我艇担任战备值班，航电军士长李叙强妻子 4 月 25 日从山东文登来队探亲，因潜艇出海不遇。4 月 28 日，我艇巡航归来码头待命，官兵不能离艇，随时待命出航。李叙强夫妻近在咫尺不能团聚，直至 5 月 6 日战备值班任务解除。

无声的战斗

出　航

长山还在静静地沉睡*，
明月不知何时躲入云层。
潜艇轻轻地推开波浪，
悄悄地驶向黎明。

潜　伏

朝霞刚刚浮出海面，
潜艇已迅速潜入水中。
水下伏击是一场无声的战斗，
各战位异常沉着寂静。

战　斗

伏击蓝军舰艇，
隐蔽果敢机警。
接近港口布雷，
突破封锁重重。

讲　评

从难从严求实，
着眼未来战争。
攻防各有短长，
不可诿过争功。

（作于1985年5月11日）

注释：
*“长山”指我国黄海北部大连市长海县辖区内的长山群岛。

厨师赵文元

一

提起赵文元，
都夸不简单。
一人付辛苦，
全艇享香甜。

二

航程忙做饭，
水下省能源。

食谱调花样，
吃喝口味全。

三

官兵身体棒，
训练勇争先。
比武夺优胜，
加餐庆凯旋。

（作于1985年6月）

夜训速描

我艇伏击运输线，
昼夜奋战。
电池比重1.215，
时间18点。

声呐报告：
方位065度，发现回声信号！

似蓝军、似渔船，
一时难辨。

时间紧！电量低！
加速充电！
深度8米！雷达准备！
艇长口令传。

机声隆，雷达转，
声呐不怠慢。
突然间方位020度，回声信号增强。
时间21点。

发现蓝军！战斗警报！紧急速潜！
左满舵！速度6节！深度35米！航向210度！
我艇水下与蓝军周旋。
声呐报告：方位350度！“敌舰”远离！
战斗警报！通过危险深度！浮起充电！

各战位动作娴熟，技术精湛，艇长指挥果断。
时间23点，

潜艇稳稳浮出水面。
大海异常宁静，
夜空星光灿烂。

（作于1985年6月5日）

忠诚的水兵

当人们进入梦乡，
我们正进入阵地。
当朝霞在水天线上升起，
我们已悄悄潜入海底。

当人们走向机关、学校、工厂、田地，
我们正向入侵者冲击。
当亲朋好友假日里举杯欢聚，
我和我的战友们又向新的阵地转移。

再看一眼初升的太阳，
再吸一口甜美的空气。
把离别和思念埋在心里，

速潜！
去夺取新的胜利。

（作于1985年7月）

八一建军节抒怀

五十八载兴军路①，
由弱图强有曲伸。
武备精良凭四化，
员额增减看风云。
裁军改革关机体，
转业复员动自身。
只盼国强军力壮，
去留进退为人民②。

（作于1985年8月1日）

注释：
① 1985年为中国人民解放军建军58周年。
② 1985年6月，中央军委决定裁军百万，部队官兵从大局出发，去留进退听从组织安排。

送全艇退伍战友*

同舟三五载，
共济友情深。
平日多欢笑，
惜别现泪痕。
走将鸿志带，
留把雁声存。
展翅飞天下，
神州处处春。

（作于1985年10月5日）

注释：
*该诗为送别231潜艇1985年度复员老兵而作，刊登在艇员宿舍的黑板报上。

附：读政委送别诗有感特奉和*

同舟三五载，
相助友情深。
此去长相念，

离别语意真。
走将良训带，
留把爱心存。
携手兴华夏，
神州处处春。

（作于 1985 年 10 月 5 日）

注释：
* 和者为复员老兵、声呐班班长王建青。

惜别 231 潜艇

喜临沧海能为水，
梦里巫山现彩云①。
忽报上级传命令，
调离潜艇去迎新②。
官兵友爱雄心壮，
军政同心主义真。
鸿志未酬情未尽，
惜别难舍泪沾襟。

（作于 1986 年 1 月 16 日）

注释：

①首联两句系借用唐元稹《离思》诗中“曾经沧海难为水，除去巫山不是云”两句，反其意而用之，表达自己有幸能够同231潜艇官兵一起保卫海疆、同舟共济的欣喜之情。

②至1986年1月，我任231潜艇政委两年多时间，军政干部团结，官兵上下一心。该艇各项工作正在向先进潜艇迈进。忽然接到上级调令，调我到新的岗位出任潜艇支队岸勤部政委，临行时全艇官兵依依不舍，情景动人。

自诊自勉

别激动，莫性急，论事理，留余地；
要温和，要谦虚，少表白，多学习；
善疏导，讲实际，勤思考，寻规律；
尊师长，爱下级，共探索，能存异。

（作于1988年4月6日）

转业以后

1989 年至 2007 年。人生旅程如奔腾的江河，难免遇到风雨坎坷和回波逆折。从部队转业到地方，工作性质变了，生活环境变了，不变的是爱党爱国的初心和为改革开放、“四化”建设贡献力量的奋斗精神。

小　花*

花儿朵朵自家栽，
好事篇篇自选材。
若问篇中人在哪，
雷锋正在演说台。

（作于 1990 年 3 月 5 日）

注释：

* 此诗系我 1989 年从部队转业到大连交电公司后，于 1990 年 3 月 5 日在组织公司团员青年开展学雷锋活动的演讲会上即兴而作。

怀　念

老首长赵国臣曾任潜艇支队支队长，海军旅顺基地司令员，海军参谋长，我国首次赴南极考察队副总指挥、海军总指挥，中将军衔。1994年9月27日在北京逝世，终年59岁。

惊闻老首长逝世，
引起我多少回想。
他的足迹从北海到南极，
他的汗水和心血，
伴着海军部队成长。

那一年，
他任潜艇支队支队长。
每逢恶劣天气，
他都要亲临每个码头，
查看舰艇防风部署的落实情况。
在风雨中考察干部，
是他用人的良方。

那一年，
我被从辅助船调到231潜艇，

他曾随我艇昼夜巡航。
他鼓励我政工干部要学习军事，
他指导艇长在实战情况下如何同敌舰对抗。

那一年，
他已离开了潜艇支队，
得知我要转业到地方，
他派人把我叫到身旁。
听完我申请离队的原因，
他脸色凝重，
目视前方。
他告诉我：
军队的任务是练兵打仗，
以权谋私者不会有好下场。

那一年，
我离开了我曾经热恋的部队。
如今，
老首长已仙游远方。
人生苦短，
同志情长。

我与老首长级别有上下、职务有高低，
但有着共同的理想和志向。
老首长的言传身教，
让我终身难忘。

（作于1994年9月30日）

赏　春

——陪同离退休老干部春游偶拾

1997年4月22日，大商集团组织离退休老干部春游，到旅顺龙王塘赏樱花。大商集团当初是由七个国有商业企业合并组成。集团改革发展，不忘前辈打下的基础和做出的奉献，此举深受离退休老干部和社会的好评。

士为知己者死，
花为悦己者荣。
金樱玉兰，
千娇百媚。
树爱春光，
人重晚晴。

饮水思源，

恩深义重。
薪火相传，
玉汝于成。

（作于 1997 年 4 月 22 日）

赞大商全国家电会*

大商连四海，
天下聚宾朋。
家电全国会，
滨城万客隆。
产销寻市场，
买卖看行情。
荟萃皆精品，
交流信息灵。

（作于 1997 年 5 月 8 日）

注释：
* 大连大商集团 1997 年 5 月在新建成的大连星海国际会展中心成功举办全国春季家电商品交易会，我当时任大商集团宣传部部长。

还我河山

这是正义的宣言，
这是世纪的较量。
这是中华的崛起，
这是殖民统治的灭亡。

实行一国两制，
坚持港人治港。
中国人民多智慧，
统一大业在望。

人民欢呼胜利，
魔鬼诅咒太阳。
警惕西化分化，
粉碎遏制梦想。

不忘百年屈辱历史，
挺起中华民族振兴的脊梁。
建设有中国特色的社会主义，
奔向民主、文明、繁荣、富强。

（作于 1997 年 7 月 1 日）

大连星海国际会展中心*

你是一颗璀璨的明珠，
镶嵌在辽东半岛的桂冠。
你用耀眼的光芒，
吸引着开拓者的航船。

你是黄渤海托起的骄子，
你是星海湾升起的星座。
鲜花和草地为你吐芳献绿，
青山碧水为你起舞欢歌。

你给经济带来繁荣，
你给人民带来欢乐。
世界从这里了解大连，
大连从这里走向世界。

你是连接友谊和进步的彩虹，
你是学习市场经济的课堂。
你是厂商比武的擂台，
你是优胜劣汰的考场。

你是一座迷人的艺术宝库，
你是真善美聚会的殿堂。
两个文明成果在这里荟萃，
人类智慧之花在这里绽放。

（作于1997年9月18日）

注释：
* 大连星海国际会展中心的建成和开业是大连市经济文化发展的一个新的里程碑，它为国内外厂商提供了一个商品、科技、人文交流的平台，新兴的展览业的出现对大连的社会经济发展起到了重要推动作用。

期 盼

牛年的耕耘，
已结出丰硕的果实。
虎年的竞争，
将考验英雄的胆识。

昨日的辉煌，
已写入创业者的历史。
明日的篇章，
将期待更新更美的文字。

（作于1998年1月1日）

赞《大商集团报》

《大商集团报》创刊于1997年1月1日，1998年元旦时值《大商集团报》创刊一周年。

你是一株
迎春而发的
小草，
在温暖的阳光下，
茁壮成长。

你是一朵
万人呵护的
小花，
在绿色的原野上，
吐露芬芳。

你是一支
催人奋进的
号角，
呼唤千军万马，
奔向决胜的战场。

你是一条
汩汩奔流的
小溪，
用心弦做乐章，
为拓荒者歌唱。

（作于1998年元旦）

大连商场

你从何处来？
三十年代青泥洼，
留有你
沧桑的印记。

你到何处去？
二十一世纪改革的号角，
早已在
你心中响起。

你走过多少坎坷？

你经历了多少风雨?
你以创业者的坚毅，
开拓着丰收的土地。

你是改革的尖兵，
奋进的战旗。
你用骄人的业绩，
诠释着发展的真谛。

（作于1998年1月15日）

滨城春曲

礼花在星空中绽放，
冰雪在春光中消融。
空气中散发着腊酒的余香，
大地在暖风中解冻。

收起那假日的温馨，
藏起那缠绵的恋情。
忘记那牛年的功过，

振奋起虎年的雄风。

小草经烈焰后变绿，
杨柳在风雪后返青。
高楼从最底层崛起，
事业在奋斗中振兴。

大地又一次复苏，
春潮又一次涌动。
商海正千帆竞发，
春光已浴满滨城。

（作于 1998 年 2 月）

有这样一群人

在我的身边，
有这样一群人，
他们曾经拥有，
高山、大海、蓝天、雪原。

他们把高山献给了森林，

把大海献给了航船，
把蓝天献给了白鸽，
把雪原献给了河川。

在我的身边，
有这样一群人，
他们曾经拥有，
青春、爱情、理想、力量。

他们把青春献给了大地，
把爱情献给了信仰，
把理想变成了奋斗，
把力量融入了海洋。

在我的身边，
有这样一群人，
他们如今拥有，
白发、平凡、清廉、恬淡。

白发仍保留着浩然正气，
平凡仍坚守着初衷和夙愿，

清廉使他们胸怀天下，
恬淡使他们心如秋水、明鉴云天。

（作于1998年八一建军节）

转　折*

四十九，
三十八，
我们是孩子的爸和妈。

三伏天，
烈日下，
重新就业练步伐。

当保安，
干保洁，
吃苦流汗咱不怕，
只盼儿女快长大。

抬起头，
看中华，

改革大潮浪淘沙，
我们是自强不息的劳动者！
下岗、打工、走天涯。

（作于1998年9月1日）

注释：
* 观大连商场新招聘的下岗职工在烈日下练步伐有感。千百万国有企业下岗职工为企业改革做出了巨大牺牲和贡献。

致女性

——庆祝大连秋林女店开业 *

快节奏，
高效率，
拼搏、竞争，
使你事业有成。
工作之余，
请你来到这里，
放松一下，
绷得太紧的神经。

丈夫、子女，
父母、亲朋，
你用无悔的奉献，
使别人幸福安宁。
公休假日，
请你来到这里，
感受一下，
现代女性的美好人生。

青春、事业，
社会、家庭，
你的境遇，坎坷而又神奇。
欢迎你来这里，
与各界女杰相识相逢，
敞开心扉，
交流在温馨的文化沙龙。

（作于1998年10月29日）

注释：

* 1998年10月29日，大商集团秋林女店隆重开业，它既弥补了大连市没有专业女店的空白，又适应了日益增长的现代女性多样化消费的需求，深受各界重视和广大女性的欢迎。

处世为人

松青竹翠腊梅红，
木秀焉能禁妒风。
幕后别学李林甫①，
人前当比魏玄成②。
终身无憾家国事，
花甲常思益友情。
碧海青峰呈笔砚，
光明正大写人生。

（作于2007年元旦）

注释：
①李林甫为唐朝口蜜腹剑的奸相。
②魏玄成即魏征，为唐朝刚直不阿的忠臣。

退休生活

自2007年至2016年，从大商集团退休后，我身体尚佳，受聘于大连一家商贸企业。10年来，受聘企业不断发展，上缴税额逐年增加，员工的工资待遇稳步提高，企业的经营管理步入常态。我工作之余亦有时间和情趣回首以往，咀嚼生活，体味人生。

回战友节日问候

偶于八月观潮日①，
忽见手机传友情②。
回首中秋曾醉酒，
有朋千里送康宁。

（作于2008年9月17日）

注释：
①每年农历八月十八是浙江钱塘江观潮的大潮日。
②农历八月十八这一天，我偶然看到手机上战友唐关虎于农历八月十五日中秋节那天发来的节日问候，感而书之。

佳 时[①]

——题兄弟姐妹合影

国志华东荣暖平[②]，
德隆恩远后人兴[③]。
饥寒不堕凌云志，
温饱常思济困情[④]。
发愤图强谋自立，
修身创业见真诚。
齐家治企怀天下，
父母教儿事竟成[⑤]。

（作于2011年春节）

注释：

①“佳时”有双重含义，一层是指我的家庭处于和谐幸福的最佳时期；另一层含义是用谐音指“家史”，讲述我的家庭从贫困到温饱、到小康的上升历史。

②首句七个字是我们八个兄弟姐妹之中七个兄弟姐妹名字的尾字。

③首联次句的前两字“德隆”是我祖父的名字，第三、四两字“恩远”是我六弟的名字，他遵从父母的教导，立志创业，经过多年努力，历尽千辛万苦，终于建成了自己的民营企业。

④我们今天生活好了，不能忘记我家困难时国家和社会以及亲友对我家的救济帮助，不能忘记创业时党和政府政策的扶持和众人的帮助。今天我们要力所能及地帮助需要帮助的人，回报国家和社会，常怀感恩之心。

⑤小时父母教育我们的家训是：“有志者事竟成。”如今我们兄弟姐妹八人都有自己赖以生存的事业和和睦的家庭。

网上观航母*

网上观航母，
心悬制海权。
南沙妖孽起，
重剑逐凶顽。

（作于2011年8月2日）

注释：
* 2011年八一建军节期间在互联网上看到“瓦良格号”航母在大连造船厂调试画面，有感而作。

伴　春*

野岭寒梅枉自开，
天飞瑞雪伴春来。
人生难遇一知己，
敬阅新篇喜满怀。

（作于2012年1月1日）

注释：
* 2012年元旦，战友唐关虎自北京寄来他参与编辑的中国人民解放军历史资料丛书《海军·图片》中的一册，不胜喜悦。

赞战友郭秀武①

秀武精专务政廉②，
相妻教子品为先。
龙飞凤舞前程远，
忠孝双全美誉传③。

（作于2012年10月2日）

注释：
①此诗是参加郭秀武儿子小龙婚礼的贺词。
②郭秀武同志是我在231潜艇当政委时的艇长，是我的好搭档，又曾是我的好邻居。他转业前任潜艇支队参谋长，“精专”是指他对潜艇训练作战专研较深。“务政廉”是指他转业到政府部门工作后，为政清廉，深受同事好评。
③他爱人是他岳父母抱养的独女。他对年迈的岳父母视如亲生父母，关怀备至，使其安度晚年，为其养老送终。

难忘的乡情*

家贫父病遇灾年，
命里多劫励志坚。
投笔下乡奔万福，
造林植树走千山。

茅庐泥舍存知己，
神庙仙观敬古贤。
难忘德纯张场长，
树人树木树清廉。

（作于2013年5月25日）

注释：
*欣闻50年前下乡盖县万福国营林场时所改造的荒山已蔚然成林，如今已被辟为国家森林公园。回想当年下乡时的情景以及在林场工人和老场长的关心帮助下进步成长的历程，心中油然产生浓郁的乡情。

读《禅偈百则》感悟*

一

参禅问道本无心，
疑似相识忘古今。
缘起爱诗寻梦境，
醒来佛骨断凡尘。

二

为觅真如忘此身，

跋山涉水渡沉沦。
舍生仗义无遗恨，
未遁空门净六根。

（作于2014年6月18日）

注释：
* 2014年3月18日，遇见市场员工与外来务工人员殴斗，有人已被打得头破血流却无人阻止，我担心发生重大伤亡后果，遂上前劝阻并奋力拉架。殴斗被制止，本人却在拉架中被误伤，经医生检查，确认肋骨断六根，入院治疗。伤愈出院后读《禅偈百则》一书，似有感悟。

平生素描

酷爱诗书不惧贫，
六根清净拒沉沦。
下乡植树经风雨，
入伍从戎铸海魂。
断骨弃官伸正义，
扶贫济困报春恩。
身居陋室怀天下，
垂暮之年赤子心。

（作于2014年8月）

山庄春晓

野岭山鸡叫，
小园红杏开。
心随垂柳动，
情自古稀来。

（作于 2015 年 3 月）

滨海路之夏 *

曲径花争艳，
疏林鸟竞鸣。
云山飞蜃景，
雾海送涛声。

（作于 2015 年 6 月）

注释：

* 大连市区南部的黄海之滨有一条滨海公路，西起星海公园，经傅家庄、燕窝岭、北大桥、老虎滩、棒棰岛，东至海之韵公园，依山傍海，曲折连绵。夏日里，或驱车、或徒步，沿着起伏的山势迤逦而行，一路山青水碧，鸟语花香，涛声阵阵，海风习习，景色迷人，如入仙境。临此一游，美不胜收。

骑行北大桥*

一

晨雾初拂近岸松，
轻骑飞下大桥东。
青山碧水连天际，
一路花香伴鸟鸣。

二

一骑风贯耳，
万树响蝉鸣。
近海波涛涌，
临山百鸟惊。

（作于 2015 年 8 月）

注释：
* 北大桥在大连滨海路中段，连接东西两个山丘，凌空飞渡，南为黄海，北为秀月山，东向可观海上日出。

梦游飞天 *

出门起五更，
浓雾锁滨城。
头顶街灯暗，
眉梢雾水清。
茫茫失海影，
隐隐现山形。
随梦寻佳境，
飞身上九重。

（作于 2015 年 8 月 7 日）

注释：
* 每当我在身体、精力处于最佳状态时，常常出现梦里飞天、腾空行走的情景。

乐享晚年

陋室遮风雨，
小园瓜果鲜。
妻贤儿女孝，

国泰庶民安。

（作于 2015 年 9 月）

中秋节寄赴新西兰战友*

国强民气旺，
足迹遍全球。
万里邀明月，
浑知不共秋。

（作于 2015 年中秋夜）

注释：
* 2015 年中秋节，给远赴新西兰的战友唐关虎发微信祝中秋节快乐。新西兰地处南半球，当时处于春天的季节里。

北大桥冬泳

春花秋月情无价，
偏爱五更临断崖。
浪里寻冬拾旧梦，

归来两鬓挂霜花。

（作于2015年12月）

冬练晨曲

冬日清晨，把骑车、游泳、健身操三项运动相结合，可以磨炼意志、温暖身心。晨练如歌，韵味无穷。

晨起东临海，
随波逐浪摇。
水中花样泳①，
岸上健身操。
一组拳击鼎，
三番打脚梢。
轻揉足、膝、颈，
慢展臂、胸、腰。
紧压芭蕾腿，
缓行独木桥。
悬撑十指重，
倒立两肩牢。

跳跃张双翼，
登梯上九霄[②]。
飞车穿秀月[③]，
落地众山高[④]。

（作于2016年元旦）

注释：
①指在水中不断变换泳姿，如蛙泳、蝶泳、自由泳等。
②指入水的海边与临海的公路有132级台阶的高差。从海边台阶往上望，树木掩映，云飞雾绕，登台阶似有登天梯上九霄之感。
③指返回时骑车自北大桥东侧顺秀月山南坡飞奔而下。
④指从北大桥骑行到秀月山底，又乘势上景山到达环山小区我的住处，举目回望，环山、景山、秀月山，一山更比一山高。

迎　春

滨海路，
北大桥。
有一位迎春的使者，
在陡峭的断崖下，
在隆隆的涛声中，
从容地投入大海的怀抱。

星星向他眨眼，
浪花向他欢笑。
他忽而像雄鹰展翅，
忽而似海豚腾跃。
他用身心与大海交流，
与大海协奏迎春的歌谣。

他历经沧海，
沉浮自如。
他爱恋大海，
挽浪携涛。
他与大海一起送走残冬的风雪，
又一次迎来生机盎然的壮美春潮。

（作于2016年春节）

春　趣

我家小院杏花开，
嫩粉嫣红淡淡白。

蜂蝶争春献歌舞，
多情野鸟逐还来。

（作于2016年清明节）

参加231潜艇组建50年纪念会

春催桃李花争艳，
各路飞鸿降大连①。
银发童心寻故地，
侠肝义胆步蹒跚。
蓝鲸离水雄魂在②，
战友归来喜泪涟。
难忘同舟济沧海，
二三一艇五十年。

（作于2016年4月23日）

注释：
①飞鸿指从全国各地来大连参加231潜艇组建50年纪念会的战友。
②蓝鲸离水指231潜艇完成历史使命退出现役。

青春无悔、战友情深①

——记海军 231 潜艇组建 50 年战友聚会

当年，
因为爱党、爱国，
我们不约而同，
应征服役。
登上 231 潜艇，
昼潜夜浮，同舟共济。

今天，
因为友情、亲情②，
我们千里赴约，
重回故地。
来到军港、码头、宿舍，
寻觅青春印迹。

边关壮丽，
斗转星移，
转眼半个世纪③。
久别重逢，

相拥而泣，
倾诉兄弟情谊。

欢迎会，
团圆照，
军容军姿依旧。
抚今忆昔，
青春无悔，
未减当年豪气！

送战友，
军歌壮④，
酒杯高高举起。
好兄弟，
莫流泪，
来日再相聚。
如果那天哥不在，
儿女来承继！

（作于 2016 年 4 月 26 日）

注释：

①在中国人民解放军海军成立 67 周年暨海军 231 潜艇组建 50 年之际，

231 潜艇的战友及家属 195 人于 2016 年 4 月 21 日至 24 日从全国各地会聚大连，参加纪念活动，共叙战友情谊，抒发爱党爱国情怀。
②参加纪念活动的不仅有当年在 231 潜艇服过役的战友，还有已故战友的妻子及子女。大家共同追忆当年在 231 潜艇共同度过的难忘岁月及生死与共的友情、亲情。
③海军 231 潜艇从组建至今已 50 年，先后有 400 余名官兵在该艇服过役。该艇于 1994 年光荣退役。
④在纪念活动的告别酒会上，与会战友全体起立，满怀激情高唱《人民海军向前进》的海军军歌，歌声高亢雄壮，震撼心灵。

春蚕秋语

诗言志，
曲抒情。
表肝胆，
明心灵。
春蚕有情丝难禁，
秋烛无语泪作声*。

（作于 2016 年 5 月 15 日）

注释：
*末尾两句借用唐李商隐的《无题》诗中“春蚕到死丝方尽，蜡炬成灰泪始干”两句的寓意，用以表达本人在“丝尽泪干”之前不甘寂寞、仍想有所奉献的心情。

后 记

50多年积累的诗篇汇集成书，实现了我多年的心愿。在此，我十分感谢大连大菜市商贸有限公司办公室的郑鑫女士。她是中文系毕业的大学生，是她利用工作之余和休息时间帮助我把尘封的诗篇理顺成章、打字校对，使之成为诗集。

同时我还要深谢大连市企业文化研究会会长、北德书院院长钟祥斌先生，是他支持我、指导我、帮助我将此诗集顺利出版。

郑鑫女士是刚出校门的女孩，钟祥斌先生是年逾花甲的资深学者，他们的热情帮助使我感受到了人间的温暖和友爱之情。我愿将他们的仁者之心和助人为乐的精神借此诗集的出版传递给更多的人。

作　者

2016年6月16日